Dedicated to all the children who go to
school every day.
Dedicado a todos los niños que van a la
escuela todos los días.

Printed in the United States of America /
 Impreson en los Estados Unidos de America

My driver, my teacher

Mi chofer, mi maestro

Jacobo y Sara eran hermanos mellizos. Ellos siempre estaban juntos en la escuela en Baltimore. Sus padres no observaban las fiestas judías como los otros niños judíos. Era difícil para Jacobo y Sara conectarse con sus raíces judías.

Jacob and Sara were twins. They were always together in their school in Baltimore. Their parents did not observe the Jewish holidays like other Jewish families. It was hard for Jacob and Sara to be connected to their Jewish roots.

—Papi, ¿Por qué no somos como los otros niños? Jacobo le preguntó.

—Porque no somos religiosos, su papá le contestó.

—¿Qué significa eso? Jacobo le preguntó.

—Eso significa que nosotros no seguimos la Ley de D-s exactamente como está escrita.

—Daddy, why are we not like the other children? Jacob asked him.

—Because we are not religious. The father answered.

—What does that mean? Jacob asked again.

—It means that we don't follow the Law of G-d exactly as It is written.

Una vez, cuando Jacobo y Sara estaban en el bus de la escuela regresando a su casa, Jacobo vio un carro con nueve brazos.

-¡Mira, Sara! Jacobo dijo.

-¿Qué, qué? ella preguntó.

-¿Ves lo que yo veo más alla? Jacobo le preguntó.

Once, when Jacob and Sara were on the school bus on their way back to their home, Jacob saw a car with nine arms.

-Look, Look, Sara! Jacob said.

-What, what? She asked.

-Do you see what I see over there? Jacob asked again.

El chofer del bus, una persona muy amigable, estaba escuchando a Jacobo y a Sara.

-Niños, el carro que ustedes acabaron de ver estaba cargando la Menorá de Janucá, él dijo.

-¿Qué es eso? Ellos preguntaron.

-En Janucá los judíos encienden las velas de la menorá por el milagro que pasó ALLÁ. Les contestó.

The bus driver, a very friendly man, listened to Jacob and Sara.

-children, the car that you just saw was carrying out the chanukah Menorah. He said.

-what is that? They asked him.

-In chanukah the Jews light the lights of the menorah because of the miracle that happened THERE! The driver answered.

-¿Allá?? -¿Dónde está ese lugar? Los niños preguntaron.

-Allá es la Tierra de Israel donde los árboles crecen altos y las frutas son grandes y jugosas, él les explicó.

-Sara, te acuerdas cómo nuestra abuela hablaba hebreo con mami? Jacobo le preguntó.

-Sí, nuestra Abuela Sara era de Israel, ella contestó.

-There?? -where is that place? The children asked.

-There is the Land of Israel where the trees grow tall and the fruits are big and juicy. He explained.

-Sara, do you remember why our Grandma used to speak Hebrew with Mommy? Jacob asked her.

-Yes, our Grandma Sara was from Israel. She answered.

-A mí me gustaba cuando la Abuela Sara se quedaba con nosotros. -¿Te acuerdas Sara? Jacobo le preguntó.
-Aunque sólo tenía cinco años, me acuerdo cómo ella hacía las galletas con mermelada de tres puntas. -¿cómo era que se llamaban?
Sara le preguntó a Jacobo.

-I liked when Grandma Sara lived with us.
-Do you remember, Sara? Jacob asked her.
-Even though I was only five, I remember how she used to make the jelly cookies with three points. -what was their name? Sara asked Jacob.

-¡Oznei Jamán! Jacobo contestó de una vez.

-Eran deliciosas, él continuó.

-Nuestra abuela siempre nos pintaba las caras para esta fiesta, Sara le dijo.

-¡Era el día más alegre del año y el nombre de esta fiesta era PURIM! Jacobo respondió con emoción.

-Hamentachen! Jacob answered right away. —They were delicious. He continued.

-Our Grandma painted our faces for this holiday always. Sara said.

—It was the happiest day of the year, and the name of the holiday was PURIM! Jacob answered.

El chofer del bus paró, y los niños salieron.
Ellos le agradecieron por haberles contado sobre
Janucá, Israel y los árboles.
Después de cuatro meses, las mamás de sus
amigos estaban limpiando sus casas.
  —¿Qué fiesta viene ahora? Jacobo le
preguntó al chofer.
—Pesaj, la fiesta de las matzot y de la
libertad, él contestó.

The bus driver stopped and the children went
out of the bus. They thank him for telling
them about Chanukah, Israel and the trees.
After four months, the mothers of Jacob and
Sara's friends were cleaning their houses.
—What is the next holiday? Jacob asked the
driver.
—Pesach! The holiday of the matzot and the
holiday of freedom. He answered.

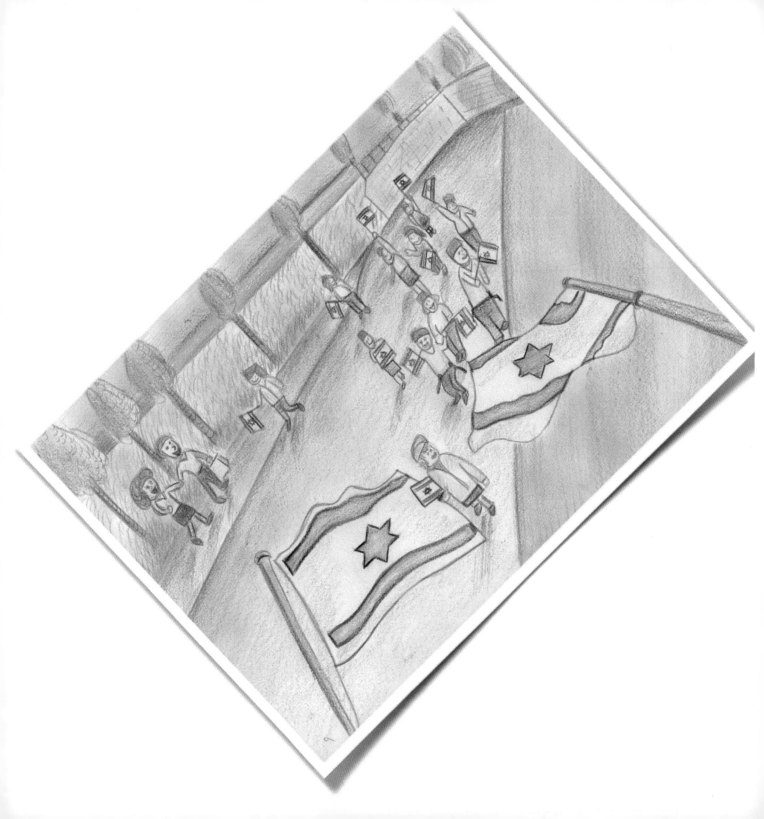

El 5 de mayo Jacobo y Sara estaban caminando a la tienda para comprar leche. Ellos vieron un desfile de niños vestidos de azul y blanco. Cada uno también agarraba una bandera azul y blanco. Y, estaban cantando:

-Am Israel Jai!, el Pueblo de Israel está vivo.

On May 5th. Jacob and Sara were walking to the store to buy milk. They saw children in blue and white marching in the street. Each one held a blue and white flag too. And they were singing:

-Am Israel Chai! The People of Israel is alive.

Jacobo y Sara estaban aprendiendo mucho sobre sus tradiciones. Era casi junio y las clases iban a terminar pronto. Ellos se sintieron mal que su chofer escolar no les iba enseñar más. Sin embargo, ellos estaban equivocados.

—Niños, mañana recibiremos la Ley de D-s porque es la fiesta de Shavuot!, él les dijo.

Jacob and Sara were learning a lot about their traditions. It was almost June and classes were going to end soon. They felt bad that their school bus driver was not going to teach them anymore. However, they were wrong.

—Children, tomorrow we will receive the G-d's Law because it is the Holiday of Shavuot! He said.

El chofer era muy sabio. Para cada pregunta tenía una respuesta.

  —¿Dónde podemos ver la Ley de D—s? Jacobo y Sara le preguntaron al chofer.

  —La Ley de D—s se le conoce con el nombre de Torá, y la puedes ver en la Sinagoga, el chofer les contestó.

The school driver was very wise. For each question he had an answer.

—Where can we see the Law of G—d? Jacob and Sara asked the driver..

—The Law of G—d is known as the Torah and you can see it in the Synagogue. The driver answered.

-The Torah was given by G-d to Moses and it is about the history of the world and the Jews. The Torah starts with the Creation of the world. The driver explained.

-And when do we celebrate the creation of the world? Jacob asked.

-In Rosh Hashana. The driver answered.

-AHH! That's why we eat apples and honey, right? Sara asked.

-Of course! everybody can benefit from a sweeter world each coming year. The driver answered.

—La Torá fue dada por D-s a Moises y trata sobre la historia del mundo y de los judíos. La Torá empieza con la Creación del Mundo. les explicó.

—¿Y cuándo celebramos la Creación del Mundo? Jacobo preguntó.

—En Rosh Hashana, el chofer le respondió.

—¡Ahh! Por eso que comemos manzanas con miel, correcto? Sara preguntó.

—Claro, todos nos podemos beneficiar de un mundo más dulce cada año venidero, contestó el chofer.

Malca Bassan nació en Panamá, Panamá.
Ella escribió varios libros y entre ellos:
Las Gotas de Agua y Por tu Propio Bien.
La mayoría de los libros que Malca escribe son
bilingües e ilustrados por ella.

Malca Bassan was born en Panama, Panama.
She wrote many books, among them:
The Drops of Water and For Your Own Good.
Most of the books that Malca writes are
bilingual and illustrated by her.
mbassan27@gmail.com

A CreateSpace.com publication

Printed in the U.S.A.

28236230R00020

Printed in Great Britain
by Amazon